JN439784

최 양 희 제 2 시집

은빛꼬리 여우

책펴냄열린시

최양희 시집

은빛꼬리 여우

지은이 최양희
펴낸이 최명자
펴낸곳 책펴냄열린시

부산광역시 중구 중앙동 3가 14-1
전화 051-464-8716
출판등록번호 제 02-01-256호
출판등록일 1991년 2월 4일

1판 1쇄 2007년 11월 5일 발행

값 7,000원

ISBN 978-89-87458-56-4 03810

삽살아, 꼬리는 들녘에 심어둔 채
네가 떠나도 해마다 곰삭은 정 배이게 하는가
어느 해 시름시름 앓아누운 네 머리 두어 번 쓰다듬은
연緣으로 소슬바람결에 인사 건네어 오는가

「강아지풀」 중에서

최양희 시인은 부산에서 태어나 1994년 「문예한국」으로 등단. 현재 국제 펜클럽 회원, 한국문인협회, 부산문인협회, 부산불교문인협회 회원이며, 부산시인협회 부회장으로 활동하고 있습니다. 시집으로 1997년 『낙타여 낙타여』 가 있습니다.

□ 자서

그저 엄마란 이름밖에 그 아무 것도 해 줄 수 없어도 한결같이 어미품을 파고 드는 내 어여쁜 진, 현, 훈 그리고 내 오랜 벗인 남편께 깊이 사랑한다는 말을 전하며

나로 하여 가슴 저며하는 따습한 가족께
깊이 깊이 고맙다는 말을 전합니다.

2007. 10. 20
최양희

제 1 부

제 2 부

제 3 부

제 4 부

제 1 부

팬지꽃

그래요 언젠가 자줏빛 나비 하얀 나비였을 테지요. 날으고 날으고 날으다 잠시 쉰 지점쯤에 한 송이 나비꽃으로 피었던 거예요. 신께서 움직임 없이 앉아만 있으래요. 하고 싶은 말은 모두어 향으로 전하라네요. 날고 싶은 걸요. 그 날로 되살아가 뜬금없이 낮선 별로 떠나간 당신 소식 받던 날.

그리움 민들레 파 배추꽃 사이를 맴돌며 당신 웃음이 떠올라 한참을 덧니 드러난 하얀 춤을 추었지요.

다시 한 마리 줄점팔랑나비로 피어 잠든 당신 볼에 살짝 입맞춤의 자욱 찍고 싶어요, 일생 못잊도록요.

첫봄

목련꽃 펑펑 폭죽으로 터뜨리는 연둣빛 햇살 아래 서면
가슴속 깊이 오롯한 그와 눈 맞추어
매화꽃 너풀거리는 봄길 사이로 걷고 싶다
어느 먼 봄날 아지랑이빛 옛사랑 가슴에 지로 담근 채
세월 속에 아련한 얼굴이 있어
다시 누군가를 목메어 그리워할 수 있을
남새밭 지극정성 피 뽑아 준만큼
밤새워 몸살로 뜨거워진 이마 짚어주며 애잔해 한 만큼

어느 거리에서도 가슴이 아려와 눈에 밟히는
챙이손으로 멀어지는 뒷모습 저릿한 맘으로 바라본 꼭 그만큼
웃음꽃 바람꽃 피어 만발하리라
너붓한 그리움으로

강아지풀

삽살아, 꼬리는 들녘에 심어둔 채
네가 떠나도 해마다 곰삭은 정 배이게 하는가
어느 해 시름시름 앓아 누운 네 머리 두어 번 쓰다듬은
연緣으로 소슬바람결에 인사 건네어 오는가

심정을 훤히 꿰뚫듯 빤히 바라다보던 그 눈빛
눈에 밟혀 오는데 넌 어느 세상에서 진한 첫정을 풀어
누군가의 한 시절을 묶고 있는가

거미

죽음이 머지 않았노라 귀띔하진 마세요
언젠가 느닷없이 닥쳐올 테지요
발버둥쳐봐도 어디론가 이끌려 갈 테지요
어쩜 이제껏 믿어 온 내생의 기약마저
말끔 앗아갈지도 모르지요
허지만 집을 짓는 건 멈출 수 없어요
나만의 돋을무늬를 만들 거예요
누군가의 후광이 될 수 없어도 어쩔 수 없잖아요
일생 끊임없이 묵묵히 캐고 싶은 단 하나의
천직인 걸요
당신께서 서둘러 제 꿈을 흐트러놓아도
다시 시작할 거예요
쉴새없이 나만의 무늬에 분탕질해 와도
가까스레 추스려 다시 집을 지을 거예요

자갈꽃

하세월 모서리가 닳지 않아 쓰라렸습니다
당신의 사소한 꾸짖음에도 어혈이 들었습니다
정곡을 찌르는 매운 말씀 속에
몇 겹의 껍질을 벗고 거듭 깨어나는 푸른 정신이
있다는 것조차 알지 못했습니다
급소를 깨우쳐 주신 당신의 눈빛이 간곡한 사랑임을
이제사 알았습니다 전신에 돋아났던 가시를 누그러뜨리고
잔뜩 긴장한 어깨를 풀고 보니
당신의 쓰디쓴 말씀들이 환약이었습니다

어느결 스스로를 힘겹게 옥죄던
시간마다 바늘로 꽂혀오던 쓰라림은 사그라지고
모서리 닳고 닳아 당신도 아세요
자잘한 꽃이 피었어요, 내 몸인 자갈에도요

부칠 수 없는 편지
—촛불

오빠
무기수란 멍에로 감금에 든 지 여러 해가 흘렀습니다
왜 두려움이 없으신지 참으로 알 수 없습니다
한 점의 그늘도 드리워지지 않은 웃음만
펄럭이는 걸요 오빠의 삶이 암흑으로 덮혀질지 모르는데
끝없이 불경을 읽고 계시는군요

스스로 한 자루의 촛불로 피어
사방을 환히 밝히고 계시는군요
어느 날 석방 된다면 세상의 구석진 그늘마다
횃불 밝히실 테지요만 육신의 옷 벗게 된다면
세상을 향한 그 사랑 붉디 붉은 칸나로 뜨겁게 피어나세요
그때엔 사랑만 봇물로 터뜨리세요

어쩌지요 먼길 떠나시면
어떤 꿈 부여잡고 생의 가풀막 걸어가야 하지요
오빠 안 계신 세상은 불꽃 켜진 거리마다 질척이는 어둠일 텐데요
끝내 무덤에 들어 육신을 꽃등으로 밝히시려구요

밤열차

손이 아프도록 흔들고 있는
아카시아 꽃잎 후두둑 떨어진다
연신 눈물 감당할 수 없어 난처해하는
차창 너머 아득해질수록

가슴의 싸한 샛별로 박히우는 네가 있다
안드로메다좌 카시오페아좌
차르르 쏟아진다
발 동동 구르는 너를 두고
매정히 떠나가고 있다
손도장 찍으며 다음에 오마고
각별한 약속은 남길 수 없다
사.랑.한.다 입모양으로 만들어내는

코스모스 나풀거리는 저녁답 너를 두고 간다

물안개꽃

그녀가 못 견디게 보고 싶은데요
참아야 한다구요 목까지 그 이름이
뜨거이 차올라도 꾹꾹 눌러 갈앉히라구요
정 힘들면 내생을 기약하라구요
그녀 생각하면 늘 가슴이 도려내듯
아파 오는데요 죽음이 오기 전 단 한번만
그녀 바라보면 안될까요
내 생애 살아야 할 단 하나의
이유인 그녀 먼발치서 잠시만 바라보면 안될까요
그러면 보고 싶어도 죽도록 보고 싶어도
참을 수 있을 텐데요
잠시 그녀와 스칠 수만 있다면요
그녀 이름 가만히 불러보면
푸른 눈물부터 오는데요
진정 어느 하늘 아래 살고 있는지만 알면 안될까요
바람결 날아든 소식으로
그녀 체취 느껴도 안될까요

바람꽃

그대
처음 마주치던 날
제 가슴에 다소곳이 든 풍금새 한 마리

온통 보랏빛으로 채색된 그대가
오소소 떨리울까 봐
자꾸만
그대 찬 뺨을 감싸고 싶은 걸 가까스레
참았는 걸요

그대 우연히 마주칠 적마다
간절히 빌고 비는 건

단 한 번만 그대 감싸안아
줄 수 있다면 하는
그대 이마에 입맞춤 한 채
오래도록 서 있을 수 있다면 하는

어쩌지요

다음 세상에도 그대 붉디붉은 칸나로 피어
저미게 가슴에 든다면

마리화나

눈금 밖의 사랑도 유효기간이 지나면
죄가 아니었음 좋겠습니다
당신을 향한 늘 푸른 사랑이 늘 저며 오는
가슴 한 켠이
푸성귀로 오는 늘 향긋한 감격으로만
왔으면 좋겠습니다
밤새워 당신 그리는 일이
누군가의 가슴에 어혈로 남아
두고두고 비린 슬픔이 번져오는 일이 아닌
그저 햇귀로 오는
늘 푸른 사랑이면 좋겠습니다

학鶴

당신 물어 보셨나요
불쑥 제게 주신 아흔아홉 마리 학의 안부를
얼비치는 유리병 속에 머물렀지요
밤마다 퍼득이는 날갯짓 소리 들려왔지요
은밀히 출렁이는 비밀 깊었지요
어쩌지요 어슴 새벽
그들의 소식이듯 깃털 서넛 남았는 걸요
당신 영혼의 눈 떠보세요
하늘에 낯익은 학 떼
오색의 학 보이실 거예요
그때엔 제게도 귀뜸해주세요

아흔아홉 마리 학이 어느 하늘방에 묵고 있는지

굴뚝새

나 먼길 떠나거든 혹 돌아오지 못하더라도
그대 기다리진 말라
그대와 스친 하많은 날 진심 읽을 수 없었나니
때늦은 작별에 애절함 한 떨기 도꼬마리로
덧붙여 오진 말라
다만 환한 웃음으로만 배웅해 달라
돌아오란 약속도 짐이 될지니 가벼이 떨구어 달라
꿈자락의 한 순간 그대와 연이 잇닿은 적 있었다고만
접어 달라
어느 산자락 후미진 곳 하나로 흐를 수 없었던
그 빗나간 시간들
움켜 쥔 손을 놓아 달라 기꺼이 묻어 달라

비밀스러이 속엣말이 익어 익은 날
비익조比翼鳥로 비상하리라

금정산 가는 길

물만골에 너 데려오려다 낯설어 둥지 틀지 못하고
살던 곳 목메어 그리워 상사화로 피어 가슴에 들까 봐
풀꽃 마을 언저리 두고 가련다
잘 살으라 들꽃 흐드러진 이곳쯤에 차르르 차르르
생애 가장 아름다운 불꽃송이를 떨군다
오매불망 그리던 이름 심장에 깜박불로 품고
등황색 원추리 핀다

흑백영화

늘 그녀와 구석진 자리에 앉았습니다
세상의 눈에 띄일까 조바심했습니다
하나의 울타리를 가진 그녀를 남몰래 훔쳐 본
죄는 엄청나리란 걸 알았습니다
거듭 눈웃음으로만 답해오는 그녀
애잔한 물기로 희미해지는 눈빛을
사랑했습니다 세상의 향기로운 노래가 아닌 그녀이기에 오래도록
가슴 쓰라리게 그리워했습니다
배추꽃 닮은 그녀 움직임 없는 그녀의 무채색 향이
가슴에 쉬임없이 잔뿌리를 내리고 있습니다
한 편의 흑백영화로 오는 그녀는
가슴에 가장 아픈 빛깔로 앉았습니다

싸락눈

생이 저물 무렵 서슴없이 말하리
한뉘 심장 속에 그 사람 있었다고
그 사랑 사철 푸른 눈 뜨고 살았다고
한 시절 그 푸르른 사랑 잔설殘雪로 남아
외롬 속에 잠길 때마다 시린 뺨 쓸어 주었던
그 체취에 밤새워 울던 적 있었다고
시간의 발치마다 그 사랑 머물다 간 흔적으로
생속을 앓던 비밀한 웃음 한 떨기 키울 수 있었다고
생을 받을 적마다 그 사랑 그 푸른빛 울음 삼키며도
곁에 있으라 빌고 싶다고
그 사랑 오래 전 몸 속을 흐르는 핏방울이 되었다고
그 푸른 사랑 나누어 가진 그녀에게도
칠흑 어둠 속 더욱 빛을 발하는 휘파람새로
그날의 화인火印이 되었음 한다고

지워진 정거장

버스는 오지 않으리

인적이 끊겨 시간 멈추어도 그는 그곳에
하염없이 비 맞으며 서 있으리
그녀의 불 꺼진 창 바라보며 가등街燈으로 멈추어
그의 손 안에 프리지아 물안개로 번지고 있으리
그의 뺨에 반짝이는 물빛 한줄기
안개꽃 더운 사랑 전하며 지는 날
그 꽃 속에 숨어든 한 시절의 사랑
한 쪽 눈 살며시 뜨고 있으리

버스는 저물어도 오지 않으리

벼랑에서

시집 절벽*을 찾으러 갔다가 잠시 잊은 아이
여분의 절벽이 없다며 한 시간 뒤 다시 오라는 순간
퍼뜩 떠오른 다섯 살박이 서점 입구에서 손 잡았을까
놓쳤을까 마저 아득한 기억 끄트머리

걸어온 길을 되짚어 몇 번을 뛰어다니며
어느덧 어둠 내리는 길 실로 깜깜한 절벽 앞이었네
손 잡고 온 아이 두고 혼자 돌아갈 수도 없는
그 어디에도 흔적도 없는 아이 숨결을 찾아서

* 「절벽」은 이형기 시집 제목

그 아이

내 놓지 못할 가슴에
근根으로 박힌 딸아이 있습니다
키도 작달막하고 한없이 부족한
심장의 푸른 눈물로 고인 그 아이
쉼없이 나풀대는 웃음 짓고 있습니다
드러낼 수 없는 상처의 정수리 인박힌 딸아이
감히 내 보일 수 없는 흠집이기에
한생애 눈물 글썽이며 품고 있습니다

그 아무도 어여삐 여기지 않을 딸아이
더욱 안쓰럽게 보듬어 봅니다
살아갈수록 갑절의 쓰라림을 가르쳐 줄
하여 더욱 꼬옥 품어 안을 수밖에 없는
상처의 빛나는 푸른 눈물 한 방울

청사포역

누군들 쉬이 왔으리 첫사랑 역
다시금 승차하고 싶은 몸서리치게 그리운 역
일생 홍역을 앓게 하는 글썽이는 눈빛
전신을 홀로 뜨겁게 달구다 끝내 낭떠어지로 추락하고서
그리움 점점이 붉은 꽃잎으로 심장에 박히우고
그 맑음으로 투신할 수 있었던 역
사랑에 외곬로 분홍 하양 코스모스 지천으로 널린
이적지 가슴엔 뻐꾹새 핏빛 그리움 토해샀고
절절한 그리움으로만 이토록 멀리 살아온 길
문득 당신께 단숨에 달려가고 싶은
생애 갓길에 피어난
황홀한 홍련 한 떨기

십수년이 지나서도 울컥 뒤돌아서
탑승하고 싶은 역

빈집

까르륵 대던 그녀 없는 집엔 병아리난초만 훨훨 피어 있네
연초록 풀내음 닮은 그녀
뒷모습 보이며 한 점 속에 묻힌 자리
나지막한 휘파람 한 소절 살고 있네
그녀의 닫힌 창에 물방울무늬 커튼 쌍그렇게 처져 있네
솜털 햇살 받으며 눈 부셔하며
한번씩 아득해하던 그녀 창백한 얼굴
잔잔한 기쁨이 물들었으면
찬찬히 흔들리던 그네에 잊혀진 악보 뒤적여 읊조리던
그녀 잠시 떠나간 자리 자꾸만 허전한 뒤꿈치 불현듯 그리운

제 2 부

연꽃으로 피어나

어쩐 일이지요
이 진창 속에 몸 담그고는
그대 가슴 그 잔잔한 흔들림까지
나직한 귀엣말로 들려오는 걸요
그대 아무 말씀 않으셔도
하려다 만 말씀마저
놓치지 않고 읽고 있는 걸요
이 어둠의 길에선
제 몸을 살라 불시울 될 수
있다는 것 처음 알았어요
발버둥칠수록 깊어지는 칠흑 어둠에선
밝고 맑은 정신으로 가는
세계가 열려 온다는 것
깨치고 있어요
어둠 속이라 긴 어둠 속이라
안쓰러워 말아요

저 스스로 꽃등 밝히는 법
체득했잖아요

장안사 가는 길

죽어서도
잔술집 여인을 가슴에 꼬옥 품고 가신 당신
식솔에게 속죄하느라
불심 넘쳐나는 장안사 입구 삽사리로 되살아 났네
그 죄업이 맑아지는 날
다시 한 여인 죽도록 사랑하는 그 남정네 되려
장안사 벚꽃 잎에도 불심을 담아 바라보고 있네
쌀쌀한 날에도 궂은비에도 멀리서 들리어 오는
불경에 환히 귀 열어둔 채
한데에서도 반가움에 꼬리 흔들며
행여 살아 가슴 피멍들게 한 식솔 소식 들을세라
마을버스에 사람들 내릴 적마다
유심히 바라본다네
이 간절한 불심이 더욱 깊어져

삽사리 몸 벗게 될 날을 속절없이 기다린다네

유가사에서

가슴속 갈피에 끝내 못잊을 홍단풍 한 장으로 고이
간직한 그녀 여승 된다기에 두고 떠나오는 길
발길이 떨어지지 않습니다
겨울비는 내리는데 처량한 노래 소절만 흘러들고
어느 세상에 선들
어여쁜 그녀 다시 만날 수 있을까 하고
이미 속세와 등 돌린 싸늘한 그녀에게

사랑한다 말도 차마 못잊을
입맞춤 한 점도 남기지 못하고
어둠이 내리고 진분홍 참꽃으로
피어날 사람 두고 오는 길
새하얀 벚꽃잎만 쓸쓸히 손사랫짓하고 있습니다
간절한 가슴 한 켠 밀봉해 날지 못한 휘파람새로

정수사 가는 길

세상의 그늘 한 점 없이
맑고 고운 웃음의 아이들
빛부신 햇살로 살아가고 있네

한 아이 넘어지면 일으켜 주고
한 아이 걸음 처지면 기다려 주고

바삐 더러 느릿한 걸음으로
풀꽃 한 송이씩 가슴 속에
피어 나풀대고 있네

스치는 누구에게나 노랑빛 고운 웃음 한 움큼씩 나눠주고 있네

부처님의 그윽한 품속에 안겨
아늑히 세상 속을 노닐고 있네

전등사 가는 길

볼우물 어여쁜 여승 계시지요
세상사에 물들지 않은
절 뜨락에 핀 꽃들 마냥 해맑은 스님
보살님들과 도란도란 함박 웃음꽃 피우시지요
이적지 스님의 쓸쓸한 얼굴 뵌 적이 없습니다
스님의 가슴속에 씨앗이 자라고 있겠지요
참 어여쁜 인연
한 줄기 푸른 나팔꽃으로 훨훨 피어오는 날은
턱을 괴고 펼쳐질 그리움 한 폭 있을 터이지요
망월산 아래서

죽전
—연꽃 연못

당신 사는 마을 소식 그리워 않으리라
쉼없이 마음 다잡아도 풀썩 주저앉고 싶을 적마다
투명한 물빛
연꽃밭 진초록의 시간들이 새록해집니다
딱새 한 마리 연꽃 잎사귀에 살며시 앉아
몸 추슬러 떠나고
논병아리 두엇 물 위를 쉬엄쉬엄 지나가고
실잠자리 한 마리 살포시 시간 속에 날아듭니다
고즈넉한 연꽃밭 가장자리에 서 계신 당신
자애로운 미소 빛떨기로 비추며
전생에도 당신 나라 들고 싶은 원願을 품었고
이승에도 당신 나라 닿고 싶은 원이 있어
분분한 세상살이 잠잠히 지나가는 법
익혀가고 있느니

성불사에서

맑디 맑은 눈매의
노스님 계신 곳

정신은 늘 깨어 있으라
죽비소리 들리는 곳

진초록의 마음자리로
청거북 유유히 노니는 곳

장산의 푸르디 푸른 바람결
풍경 소리에 세속 더께 맑게 비워지는 곳

바람 한 자락에도 우주가 깃들어 있나니
노스님의 말씀

청빈의 향기 드높아 오르고 또 오르는 자락
구비구비마다 솟구치는 환희심이여

골굴사에서

죽음이 임박한 삽살개 한 마리
염주를 목에 건 채
땅에 엎드려 있다

지상의 따사로운 알의 기억 남기려고
체온을 뿜어내고 있다

기꺼이 여러 생의 업을 벗고
몸 얻으리라
가쁜 숨 헐떡이면서
온통 연둣빛으로 사랑을 지상에 채색해 주고 있다

오어사에서

이 강을 건너면
당신 잊는다 하네

그 어떤 낙인이 가슴에
찍힐지라도 당신 두고두고 잊지 않으리
글썽이는 눈매
후생에도 인두 자국으로 새겨 두리

끝내 강을 건널 수밖에 없어도
그대만은 햇무리로 가슴에 품으리
피고 또 피는 사루비아로

남해
—어머니

당신은 새벽이면 소지所持를 올린다
이 불빛이 사라지기 전
애절한 이 돌아오소서

먼 기억의 틈새로 떠나가신 아버지의 목선
하세월 안부조차 모르는 그리운 이의 검정
고무신
밤이면 가슴에 품어 체온을 불어 넣는다
나날이 온기로우소서

호롱불 켜 두신 채 당신은
한 뜸 한 뜸 추억의 바늘귀로
지극정성 십장생十長生 수를 놓는다

남해
—누이

어느 허술한 여인숙에서 싸구려 분내음 역하게 풍기는 이름조차 묻지 않은 세상의 풍상에 간절인 스물댓의 그 여자와 사랑을 했지 세월 지나도 붉은 불빛 켠 원색의 그 방 퀘퀘한 내음에 실려 세상 짐 덕지덕지 껴안은 그 여자 언뜻 본 근심의 눈빛 지워지지 않아

한생애 휘몰아온 삭풍에 혹독히 견뎌온 도져오는 상처 푸른 나의 누이야

남해
—바다여인숙

밤 내 파도소리 쉼없이 들려
팔베개하고 누운 생전 처음 보는 여자여
아주 가끔 추억해 줄 테야
하룻밤 모진 꿈 선선히 패어내며
여자 돌아 누워
타임 한 모금 피우네
감미로운 폭풍우의 날 기억할 터이지
다시 만날 순 없을 터이지
언제고 여자 이름 부를 때쯤이면
저만치 손 흔들며 멀어져 있을 터이지
밤 내 잠 못 이뤄 뒤척이며
파도로 만나 파도로 헤어진 여자
새벽녘 부스스 방을 나서네
이적지 파도소리 끊이지 않고
한낮이 되도록 잠들 것이네
팔베개한 손엔 물새 두엇 끼룩끼룩
낯모를 그리움으로 앉아 출렁일 테지

남해
—풍조여인숙

아들아

빛바랜 가족사진 가슴에 품어
가느다란 체온을 먼 별빛에
띄운다

단 한 장의 흑백사진으로
가족임을 잊지만 않는다면

때로 사진에 눈물방울 떨어져
더러 하도 껴안아
얼굴마저 희미해진대도
살아만 견뎌준다면
이 눈보라만 멈춰준다면

긴 긴 겨울
몽당연필로 침을 묻혀가며
너에게 삐뚤삐뚤 한줄기 소식만은
보낼 수 있을 것이다

남해
—매화장에 들어

매화 펄펄 날리는 4월

가슴속에 저미는 그리움 한 폭
돋음새김 하려다

그녀의 입술조차
간직하지 못한 채 어슴 새벽은 오고
오래도록 절절히 그리워하고도

그녀의 뒷모습만 하염없이 바라보아야 하는
가슴속에 주르르 청승스레 실비 내리고

잔술집

더러 참새집에 데려 갔었지요. 어떤 지저귐보다는 남정네에게 잘뵈기 위한 여인네의 짙은 화장내가 역하게 배어 나왔지요. 여인네의 길들여진 화사함 속에 기대고 싶지 않은 남정네가 어디 있을지요만 여인네의 요란한 겉치레가 신물났어요. 막 엄마 생각이 났는지도 모르겠어요. 맨 얼굴에 사철 손에 허드렛물 마르지 않던, 네 명의 동생들 속에 늘 분주한 엄마 얼굴이 청승맞게 가슴을 적셔 왔는지도요. 당신께서 말씀하셨지요. 당신의 여식이라고요. 그곳에 앉아는 있었지요만 내내 아스라히 머물러 있었지요. 당신을 따라 나서며 한복을 곱게 차려 입은 그 여인네가 정겨운 인사 했던가요. 그 여인네가 일곱살 제 조그마한 손 안에 십원을 쥐어 주었던 것 같아요. 당신을 더 오래 단골로 묶어 두려함이 역력했지요만. 실은 그때 혼돈이었는지도 모르지요.

짙은 화장의 그 여인네와 화장기 없는 울엄마와의 거리에 갇히어.

날개가 꺾인

사랑하는 사람을 잃고 저도 견딜 수 없어
시름시름 앓아 누운 저 벤자민에게
다가가 손잡아 주고 싶나니
세상 사는 일 힘에 겨워 풀썩 주저앉을까 봐
사랑하던 그이 곁 그리워 식음 전폐하고
혹여 그의 뒤를 따를까 봐
환상의 역에 선 그녀에게
혹독한 아픔 견디도록 두나니
부디 가벼이 깨어나기를

이 푸른 아침

자갈치역

환히 마른 안개꽃으로 밝혀오는 가슴녘
가슴부터 아려오는 걸
다섯 살 먹은 아이 하나 낯선 역에
떨구고 숨어버린 바람꽃 어미
꽃무늬 프린트 된 원피스 잊히지 않고
담담히 창 밖으로 시선을 둔 채
홀로 맞은 새벽 허기보다 간절한 건
냉기로 스멀스멀 피어오르던
외롬꽃 한 떨기
웃지마 웃지마 억지로 피워 올리는
웃음꽃은 슬픈 보랏빛이라는 걸
아이야 온몸에서 피어나는 눈물방울

벚꽃

살아서 꼭 한번은 당신께 닿고 싶었습니다. 당신 마을에 가려 궁리하면서 버스에 오르지 못하는 건 빈 손이어야 했던 처절한 외롬 때문일지요. 손금 위에 떨군 먼지마저 그대로 두고 돌아 나와야 했던 한 시절. 긴 어둠길 속에서 당신 마주치게 되어 겨우 잠재운 상채기가 되살아나 봄내 앓게 될까 두려움일지요. 어린왕자의 가슴을 읽게 된 저물녘 노다지 바라보아도 질리지 않던 빛떨기둥. 가파른 마을 언저리마다 떨구어진 서른 다섯 해 몸부림 때문일지요. 늘 가슴속엔 벚꽃 흐드러지게 핀, 가장 따습한 당신 사랑으로 하얀꽃 흩날리던 길. 노을이 그윽한 당신 눈망울로 오던 언덕배기를 향해 있습니다. 언젠가 서른 다섯 해 눈물방울이 익어 깊어진 눈빛을 열어 그 풋풋한 길에 닿으렵니다.

상처가 덧나 북받치는 설움이 올까 당신

마을에 닿을 수 없지만 날마다 참꽃 진한
그리움입니다.

포인세티아

심장에 연보랏빛 등꽃을 밝히는 그대
외롬이 바늘꽃으로 박혀올 때
유채꽃 물결의 웃음, 웃음
죽음으로라면 그대 잊을 수 있을려구요
홋세상에도 그대라는 화인
잠시라도 꺼뜨릴 수 있을려구요
그대 가슴에 사금파리로
박혀와 어느 하루 가슴 아려오지 않은 적
없는 걸요
그대 붉은 꽃으로 활활 피어 타오르는
포인세티아 잎, 잎, 잎

제 3 부

은빛꼬리 여우의

저려오는 사랑을 알게 했네
사랑이 습관의 한 떨기 꽃 될 제 스르르
은빛꼬리 끌며
생의 가장 독한 술 한 잔을 마주 들며 이
별을 고했네
그대 가슴에 일생 지울 수 없는 선명한 화인
남기며 싸늘한 입맞춤 나누었네
하여도 그대 쓸쓸함이 젖어오는 시각
어김없이 추억할 테지
그대 메마른 시간의 갈피 속에
홍단풍으로 앉은
은빛꼬리 여우의 스물 두 해를

보리밭

다섯 살 여자애 키보다 웃자란 보리밭
어스름이 깔리면 엄마 부를 테지
잘 다녀오라 웃음으로 배웅하지 못한 날
흐린 발자국으로 엄마가 짜는 옷감은

날줄과 씨줄 온통 다섯 살 여자애 얼굴
엄마 일하러 가믄 외갓집에 가야 한대이
엄마 가만히 손사랫짓 하네요
외갓집엔 엄마가 떨어뜨린 젖내음은 없었네
다섯 살 여자애 늘 불안스러이 걸터앉은 외톨이
도시락 허리춤에 묶은 채
단발머리 하얀 나비고무신의 여자애
자꾸만 뒤돌아보며 눈물 훔치고 있네
터덜터덜 걷고 있네 마지못해 가는 길 눈에 설어하며
막 돌아서서 달려 올 것 같은

아카시아 향으로 남은

삼촌의 등은 싱그러웠습니다 바람결 배어
든 아카시아 향일는지요
자전거를 탄 삼촌의 등을 잡은 채 호젓한
길을 빠져 나가던
그 열댓 살, 이적지 가슴에 기쁨의 날갯짓
이 퍼득입니다
어느결 삼촌의 등은 굽었고 마흔을 앞둔
여인이 되어
지병으로 오는 외롬 캐어 가는데 불쑥불쑥
그 푸른 자전거가
생 앞에 멈추어 서곤 합니다

"어서 타. 그 푸르름의 기운 속으로
그 난분분한 꽃잎 속으로 데려다 줄게"

타마클리칸

목이 탄다
물 한 방울이라도
아득히 보이는 선인장
말발굽 소리 모랫바람

기어서라도
와디*가 있는 곳에 도착할 수 있다면
끝내 물은 나타나지 않는다

사람의 모습도 없는
말발굽 소리도 잠든
따로이 마련할 묘비도 없이
당신이 잠든 길 위에

아침이면
무리지어 말이 달리고…

목이 탄다
물 한 방울이라도

손을 뻗히면 닿을 것 같은
저 곳…

*「와디」는 비가 내릴 때만 물이 흐르고 이내 말라 버리는 골짜기

폭풍우

생의 끈 바투 쥘 것
한 손 놓치면 천길 벼랑으로 이끌리리라
뿌리째 뽑히지 않으려 사투하는
식은 땀 닦을 겨를도 없이 온 산을 우우우
들끓는
늑대 바람이여

새파란 인광 뿜어내는
다문다문 따개비 같은 판잣집 속에
시어미 상에 놓을 굴비 한 두릅 사 올
해거름에도 돌아오지 않는 서방 기다리는
아낙은
나무문 열어젖힐 바람 바람의
불을 뿜는 부릅 뜬 눈
아낙 쉬이 잠들 수 없으리

그 비바람 속에
바위 옆 인적 드문 곳 환히 분홍빛 등촉
내걸은

진달래꽃 한 무더기
그 길고 긴 외롬도 걷어낸
처절한 인고의
새벽으로

드라이플라워

저 보면 울고 싶다구요
저 보다 먼저 그 아픔이 전해 와
가슴 저린다구요
너무 먼길을 맨발로 왔어요
저물녘까지 닿지 않을까 봐
늘 초조해하며 쉬지 않고 왔어요
서른 여섯해를 지탱해 온 건
오직 홀로 버팅겨야 한다는 정신력이었는 걸요
때로 당신께 주저앉아 두렵다고 말하려 했어요
그 때마다 늘 떠나고 있는 뒷모습의 당신
너무나 먼길을 달려 왔는 걸요
되돌아 가는 길은 아득하기만 한 걸요

지하방에서

오종종 모여서 살아갑니다
다섯이서 부비기엔 턱없이 모자란
단칸방에서
세월이 어서 흘러가 주기를 덧없이 빌어봅니다
한 때는 어둠의 가슴을 읽을 길 없는 화사함으로 살아왔습니다
겨우 가진 것마저 시간의 물살에 다 떠밀려 갔을 때
하늘만 우러르던 그 꼿꼿함은 수그러지고
땅에 핀 자잘한 풀꽃 시린 가슴을 읽게 되었습니다
지상의 꿈 애써 한 뼘씩 키우며 깊은 슬픔을 읽고 있습니다

구름꽃

그대 생이란 늘상 험하고
가파르다고 말하진 말라
그 비알에 이르는 동안 그대만이 찾을 수 있는
외진 수풀 속 기쁨꽃 한 떨기 숨겨 두라

생이 숨통을 막아 올 때
숨이 가빠 더 이상 한 걸음도 나아갈 수 없을 때
가차 없이 퍼질러 앉으라
설령 그 길에 더디 이르더라도 영영 이르는 도중에 생이 마감된대도

온몸으로 어혈꽃 피우지 말라
그 멍자욱 처량히 들여다 보며
세상이 그대에게 준 지울 수 없는 상처라 말하지 말라

상처란 그대 스스로 짓고 허물 수 있는 집

이리니
 때로 무거운 더러 가벼운

풀꽃

애쓰지 말아요
족적을 남기려 발돋움 하지도 말아요
그대 음성 잦아든다는 것 아시잖아요

그대 은거함이 가장 넉넉한 세상 사는 법인 걸
알고 있잖아요

어거지로 속세에 뛰어 들어 음성 높이려 말아요

그대 그 낮은 자세 그대로
나즉한 음성 그대로일 때

가장 그대답다는 것 잘 아시잖아요
그 어눌한 말솜씨로 속세에 천만 번 뛰어 들어도
더욱 깊이 은거하고 싶을 테니까요

그대 자취도 모를 그 있는 듯 없음으로
그 없는 듯 있음으로 꼭 그대로만 살아 가세요

그건 바로 그대의 거역할 수 없는 길이잖아요

하얀길

길 나서라네요 환한 빗줄기에 쌓인 푸른 종소리
따라 나서다 그녀와 감잎차 한 잔 마주하려
돌아가겠노라 말하지만
이미 늦었다네요 다만 푸른 종소리 더듬어 길 찾아 가야 한다고
어쩌지요 그녀에게 붉은 루즈로 사.랑.한.다 적어 두지 못한

다시 한 번만 그녀에게 돌아갈 수 있다면
그 향긋한 입맞춤의 자욱 품은 채
아늑히 이승 떠날 수 있다면

간이역

난로 위 주전자엔 김이 뿜어 나오고 있습니다
의자엔 막 떠난 듯
더운 체취가 묻어 있습니다

늘 창 밖으로
동그라미 세모 네모를 그리며
난로 옆에 다소곳이 앉아 있던 그녀

그 참한 눈빛이
가슴에 아프게 닿아 옵니다

푸른 간이역으로 떠난 그녀가
하염없이 창 밖을 바라보는 일은 없었으면
합니다

간간히
그녀의 푸른 웃음이 사과꽃 마을까지 들려
왔음 합니다

작별

한 번씩 아득함 앞에 서는데요
어여쁜 그대 다시금 볼 수 없을까
몸서리치곤 하는데요
전신에 돋은 소름꽃 보며
세상과의 교신이 끊어지지 않길
빌곤해요
햇살에 분사되는 수많은 날벌레떼
환상은 참 곱구나 생각도 하지요
사는 일이 까마득해져 주저앉으면
혹여 무덤에 들게 될까
식은 땀 돋지요
이 자그마한 이별이 쌓여
그리는 그대 끝내 못 보는
그날이 있을 것 같아
가슴이 따끔거려 오는데요
때로 다시 받은 생이듯
눈물겹기도 해요

가오리연

전신주에 걸린 버림받은
가오리연 하나
한겨울 매서운 추위 속
속절없이 누군가를 기다리고 있다
그리움만 하염없이 키우고 있다
바람 한 점 불 적마다
생명을 잇대어
심장이 심히 뛰고
오래 전 동사한 육신을 추슬러
시나브로 환생하고 있다

순간 보았는가
하늘 높이 날아오르던
가오리연 하나

오색팽이

당신 심한 핍박에도
기죽지 않아요

아시는가요
생명의 샘솟는 향기
심지 굳은 그 푸른 정신

나날이 파릇파릇 돋아나요

당신이
모질게 몰아세워도
꿋꿋이 서 있을 거예요

칸나

그대 생애의 치명적인 허점은 사소한 더욱 사소한 시간 속에 있었음을 알고 있으리
전생애를 건 사랑 그녀와의 결별은 그 눈빛에 허전함 한 점 읽지 못한 것
늘 지나고 나면 해답은
손을 뻗치면 닿을 그 거리 안에 있었다는 것

살며시 귀 기울이면 보이리 언젠가 삶의 핵심이 될
그 마음 한 자락은 떡잎 속에
감추어져 있음을 그대가 막 솎아 내려는

목련꽃

열 해 전
실비 속에 비정히 지운 너
목련꽃 몸 받아 내게 왔다면

때로 처연한 눈빛으로 말해 온다면
좋은 세상 만나 기쁨만 있으라 빌어 주지
않았느냐고

몸살로 몸져누워
떨리고 있는 네게서

열 해 전 그 아이
희디 흰 얼굴이 창백하게 피어난다

버스정류장

마지막 버스가 지나가고
풀풀 먼지가 일 때쯤이면 너의 이마에
입맞춤의 꽃잎 남기지 않았음을
어쩌면 다시는 달음박질로 맞아주던 향긋한
네 머리카락 내음 잃을지도 모르는데
하고 싶은 말은 늘 뱅그르르 언저리만 맴돌다
잊고 말고 일상의 사소한 부딪힘만 쟁그랑거릴 적
이미 오지 않을 거란 걸 알면서
고집스레 시계를 들여다보며 서 있나니
그득히 찰랑이며 돌아오라고
줄점팔랑나비로 드높이 훨훨 날아와
영원 돌아갈 수 없는 거리에서 나풀나풀 푸른부전나비로
다시 피어나

바람개비

사람아
해마다 내 몸도 갈잎으로 훌훌 벗고
봄이면 어김없이 겨드랑이 간지럽히듯
초록 잎사귀 돋아날 수 있다면

무성한 초록잎을 찰랑찰랑 휘감고
온몸으로 진종일 실바람에
팔랑일 수 있다면

향긋하리라
푸르고 푸른 샘 하나
남몰래 꼭꼭 숨겨 놓은 그러한

제 4 부

낯선 대문 앞에서 멈칫거리다

자개 문패에
상相자와 용龍자를 본다 문득 아버지 향내 물씬 난다
학용품 사 주러 장거리 나갈 때면 차 안에서 새우잠 드시던
화낼 땐 한없이 무서워도 웃으시면 온 세상이 다 환해지던
상相자와 용龍자로 한 세상 사셨던 내 아버님
넘치는 사랑을 가르쳐 주신 아버지 계신 양산군 석계리 언덕배기

실바람에 노란 국화 싱싱히 흔들리는지
오늘도 까마귀 두엇 이승을 건너다보고 있는지

해운대
—날갯짓

노. 초. 파. 남. 빨. 주. 보
새떼들
일제히 비상이다
힘겨운 날갯짓에도
지친 기색 없이
날으고 날으고 날은다
힘차게 솟구쳐 오른다
새떼 막 지나간 자리
한 무리의 별빛
쏟아져내린다
비상. 비상. 비상
오직 비상이다

혈서

생애
갈무리 하라시면 어찌 하나 내 어린 것
세상 날갯짓도 익히지 못한
까망 눈매의 초롱한 별빛 두고 가는 길
눈에 밟히어 이승 잊을 수 있으려나

이적지 걸음마도 서투른 젖내 폴폴나는 어린 것
두고 훌훌 육신의 옷 벗고
세상 따습함만 있으라 빌어 줄 수 있으려나

살얼음 위를 걷는 어린 것 아슬히 바라보는 것조차
허락 않으신다면
꽁꽁 언 몸 품어 줄 수 없다면
사랑이라 혈서로 쓴 그 아픔의 세 손가락

잔설

폭설이 내린 그 산간마을 끊어진 길 위에
소식이듯 오십시오

오래도록 당신 발자국 바라보며 한없이 맑아져
살 수 있으면 좋겠습니다

다음 세상에도
당신 품은 가슴 더 이상 시려오지 않을 것입니다

때로 연둣빛 웃음 간직할 수 있는 건
이적지 제 가슴에 만년설 되어
하얀 그리움으로 쌓인 당신

시간 덧없이 흐를 적마다
더욱 또렷이 그리움의 지문 남기시는 당신 죽어선들
떨굴 수 있겠습니까

생의 가장 가슴 아픈 상처여서 더욱 빛나는
저물지 않는 푸른 안개 한 떨기

푸른 종소리
—붉은 장미 꽃잎을 위하여

깊은 어둠 속에 총을 겨눈다
총성이 울리고 어느덧 새벽이 밝아오고
실바람 때문이었을까
아.저.씨라 부르던 네 목소리 들리지 않고
핏빛 꽃잎 꽃잎 소.녀.야
네 곁에 다소곳이 놓인 꽃편지
그 편지를 전하려 외진 마을에서 달음박질
해 왔을 소녀
암호명은 비둘기 알 턱 없는 소녀여
새하얀 비둘기 한 마리 퍼득이며 허공 속
을 날은다
환생하여라
연초록 소녀야
산짐승 소리에도 사격할 수밖에 없는 비장
함 속에
풀잎 휘파람 한 소절로 살아나다오
한없는 자유의 공간 속에 푸른 장미 한 떨
기로 훨훨 피어나다오

소낙비

당신 눈빛 빼닮은 아이 낳으면
당신 생각나 어찌 그 아이 손 잡고
햇봄 아래 나서지요
조그마한 흙집에 문 닫아 걸고 계시면
그만인가요

당신 손 맞잡은 나의 손만 남긴 채
영원 눈 감았는데 잊으라구요
언젠가 다시 생의 연둣빛 봄이 오리라구요
그 날은 당신 생 잇대어 태어난 아이 손잡고
빛부신 햇살 아래 노니라구요

서둘러 백합 몇 떨기 들고 오세요
언제나처럼 불쑥 오세요
당신 진한 사랑 물씬 느끼려구요

타래붓꽃

심장 속에 앉히고도 환생할 적마다 스칠 수 없는 그녀
보랏빛 멍울 다소곳이 접어 그 환한 빛을 뿜어내는
멀리서 한없이 보아도 읽을 수 없는
떨리듯이 손끝이 닿아야 파닥이며 살아 숨쉬는
비로소 가느다란 맥박 소리 들을 수 있는
새하얀 꽃잎 속에서 얼굴 디밀던
실비 오는 날도 꼬리 쉼없이 흔들며 애처로이 따라 나서던
다생의 업 지우며 혹독한 고통 속에 먼길 떠난
해마다 타래붓꽃은 피고 지고
불쑥 새하얀 타래붓꽃으로 피고 피는 너

돌아보면 찰나였음을
청삽살아 정 깊은 사람 만나
훗세상엔 사랑, 꽃타래실로 엮어가기를

점묘화

그대도 알리라
손 흔들어야 하는 지점에서 너무 멀리 와 있다는 것
아무리 안간힘 해도 해답은 선명히 보여 온다는 것
그대 마주 보아도 감전의 눈빛 잃은 지 오래
익히 알리라 불시울 꺼뜨리지 않으려 지켜 내는 것마저
끝내 힘에 부치나니
끈질긴 집착을 부디 사그라뜨려라
사랑, 이내 지나가는 것
지난 사랑 불러 세울 수 없나니
그대 온종일 홀로 쓸쓸함 견뎌내고 있지만
너무 늦었는 걸
물안개꽃 하염없이 피고 지고 있으니

아스피린 한 알

1.
사, 랑이란 말로 그녀를 족쇄로
묶지 말라

그대가 새장을 열어 주는 날
더러 비상도 꿈꿀 테지만

날갯짓도 해볼 테지만
날이 이슥하면 그대 문패 걸린 집
그리워 익숙히 돌아오리라

2.
야야, 저린 발 좀 주무르거라
먼길 떠나시며 넘치는 사랑 일깨워 주신 당신
저승에서도 난초를 키우시는지 꿈마다 화분을 들고
버스에 오르십니다
이승의 아픈 짐 모두 벗고서

곱디 고운 꽃 향내에 흠뻑 취해 사시는지요

호젓한 날
아버지 부르며 잠이 듭니다
〈문패 없는 주막〉 구성지게 부르시던 아버지
봄소풍의 기억 아직 생생합니다
소주 한 병과 과자 세 봉지
바위 위에 그 솔방울까지
다섯 명의 아이가 딱정벌레로 앉아 웃으며
정지된 배경으로

3.
엄마 손은 약손이야 이리로 와
네 쓰라린 상처 씻은 듯
낫게 해 줄 거야

엄마 살아 있는 감촉 느끼고
싶으세요
손을 내밀어 보세요

짙은 초록빛 새끼 도마뱀을
놓아 드릴게요

엄마 이 홍수 속에
살아낼 수 있나
마을이 잠기고 있어
황톳물 속에서 재생 될 수 있나
가슴속에 복사꽃 피어나는
마을 인화할 수 있나

4.
한 생애
흘러가는 것이리라

흐르지 않으려
흘러서는 가지 않으려
스스로 또박또박 걸어서라도 닿으려 발버
둥치지만
어느결 지쳐 멈추어 선 그 순간마저 손금

의 잔금인 것을

어느덧 시간 흘러 결국 뒤돌아보면
흐르고 흘러갈 뿐인 생애라는 걸
순응하지 않으려 뒤척일수록
더욱 힘겹게 흐를뿐이라는 걸

5.
외줄을 타고 가다 한 발을 헛디디어
떨어지거나 한 발을 가까스레 버티어
끝까지 갈 수 있거나
그건 순간이다
다만 한 발 앞 선 것이다
떨어진 그 지점에서 다시 가면 그뿐이다
이르고자 하는 그 마음의 끈만 놓치지 않는다면

6.
더 이상 길은 없는 게 아닌 것이다

철저히 막힌 그 문을 되돌아 설 일이다
어떤 노력으로도 열리지 않을 문이라면
그 다음 길이 있으리라
그 길에 닿으라
돌부리에 걸려 넘어지는 일도 덜 하리라
길은 무수한 것이다
그대의 외곬이 문제이다 천년을 두드려도 꿈쩍 않을 문이라면
꿈의 한 조각으로만 남기어 두라
그 혈관의 잔가지를 외면 말라
분명 그대가 이를 수 있는 길
하나쯤 열어 두셨으리, 신께선

7.

"울 오빠 발가락은 여섯"이라던
오빠의 사각사각 가위질 소리를 좋아한다던 넌
감꽃을 떠올리게 해
늘 부스럼으로 옥도징기 바르던
우리의 소꿉장난 그립지 않은지

솔잎과 깨어진 기와조각 돌멩이 너덧 개
아궁이의 밥을 짓고 풀꽃 반찬
어느 곳에서 헤어진 세월을 깁고 있는가
나처럼 나이 들었을 친구야
내 어릴 적

8.
꿈을 꾸는 건 근처에 이를 수 있음이다
가슴에 꿈을 접고 있다면
언젠가 날개 펼치게 되리
그대도 알리라 꿈은 끊임없이 자라나지만
때로 돌아오는 법 일깨워 주느니

꿈과 현실의 간격을 일인치씩 줄이며

9.
나 세상에서 할 수 있는 일이란
매 순간 영원 썩지 않으라 채찍질 하는 일

영혼의 샘 흐르라
혈穴 짚어 보는 일
쉼없이 깨어 있으라
싸리회초리 드는 일

두레박으로 고인 샘 시간마다 비워 내는 일
맑디 맑은 정신의 사리 남겨 두는 일

죽어서도 썩지 않는 일
아프게 더욱 아프게 깨어 있는 일

수국

그녀와 이별하면서 직감했다. 다시는 누구와도 간절한 사랑 할 수 없으리라는 것. 허나 손 흔들어 주리라. 어느 곳에서 너를 닮은 맑은 꽃잎 아이 낳아 그이를 위해 갓 지은 밥을 차리는 그런 여인이 되라. 옛사랑 근심 몇 방울로 네 얼굴 어둑해지지 않고 말끔 잊고 살라. 이 순간 네가 꽃잎 속으로 사라지는 뒷모습으로 우리 오랜 사랑은 꽃무덤 속에 묻히는 거다. 그래 너무나 힘겹거든 꺼내 보려마. 내 전생을 송두리째 패어 너에게 주었던 절정의 날. 어깨 들썩이며 울기도 하려므나. 다음 생에도 너만이 나의 여인일지니. 사람아 오늘도 잘 견디는가.

카페, 늘봄

긴 여관 잠을 정리하고 문을 나설 때 햇살
눈이 시리어 바라볼 수 없었네
일 여년 간 가족을 털고서 홀로 견뎌야 했
던 생의 회오리바람.
찬밥마저도 떨구어 넣을 수 없을 비애가
숨통을 턱, 턱, 눌러 올 때
수국 닮은 아내가 정나미 떨어진다며 어둔
새벽길 떠난 자리.
연신 눈물 훔치며 이른 철이 든 다섯 살
딸아이 하나.
혈육이라 믿은 친구의 배신 손 안의 먼지
마저 그 자리 그대로 두고
나와야 했던. 그때는 세상에서 꽁꽁 숨어
야 한다고 믿었다.
머리카락 한 올도 들키지 않아야 한다고
생의 양식이 되어 준 연일 목젖을 타고 흐
르던 알코올.
수없이 동맥을 긋고 싶었던 녹슨 못에 생
을 매달고 싶었던 순간마다 아빠라 불러오는

아이 하나.
 그 모든 따스함이 한꺼번에 등 돌려 갔지만
 따뜻이 품어 주어야 할 알 한 알. 이제 일
체 빛을 차단한 아직 발길이 두려움으로 멈
칫이게 하지만 너에게 가리라.
 어둠에 익숙한 낯설은 빛에 더러 눈 가리
어야 하겠지만
 수국의 몸을 빌어 태어난.
 수국 한 떨기가 밝혀 오는 가슴 한 켠.

감꽃 지기 전
—징용

강 어귀에 배 한 척 고요로이 있습니다
쪽밭엔 푸성귀 자라나고
그이 떠난 후론 푸른 꿈이 몸 일으켜 나날이
자라나질 않습니다
이은 꽃이파리 나지막히 흔들리고
감꽃이 흩날리기 전 오신다던 그이
이적지 소식 없습니다
풀잎 휘파람 한 소절로 오래도록 뒤척일
동지가
가까워 오고
그이 하얀 웃음이 못 견디게 그리운 하루
하마 오마하고 손꼽지 않아도 저 언덕배기
넘어서
오실 그이 발자국이 소리 죽여
차곡히 쌓이고 있습니다

진토닉

침묵 속에 든
그대가 참 아늑했으면 좋겠습니다

침묵으로 말하는 그대가
말문을 트일 수 없는 그대가
그윽했음 좋겠습니다

그대의 가는 걸음 걸음들이
초록의 햇살 그득한
나날이었으면 좋겠습니다

그대 삶에
걸림돌이 없기를
다만 빌며

어쩌다 눈물 글썽여도
그대 혹독하게
그녀의 이름
삭제했음 참 좋겠습니다

꽃무늬 벽지

그대와
진분홍 꽃잎으로 피어난 시각
꽃무늬 벽지의
방 안에 꽃잎들이 피어
수천 수만 나폴대고 있었다
순간 그대 내 심장의
생채기로 고요로이 들앉았다
감은 눈에
입맞춤하던 독주毒酒인 그대가
방문을 연 순간
사라졌다
생애의 신기루로

달콤쌉싸름한

1.
절절히 심장속에 널
품은 건 간절히 아니길
파릇파릇 뒷모습 보인채
아카시아 꽃잎사귀로 피어 손을 흔든다

할수만 있다면
부디 지문이 지워지도록 빌고만 싶다
어둑해진 창 밖에 너만 남는다면
남아 준다면

파르르 꽃 피다
그녀 목덜미에 붉디붉은 입맞춤 자욱

2
진분홍 블라우스 단추를 풀다
3421 숫자를 깨운다
블루 스커트를 흔든다

그녀 젖은 속눈썹
봄밤, 밤, 밤, 가느다란 그녀 손가락 사이로
언뜻 보이는 에쎄 한 개비

불잉걸,불,불, 훨훨훨 피어난다
모로 누운 상큼한 알몸의 그녀 젖무덤
사랑옵다

파릇파릇 피어난다

3.
고웁다 고웁다

가지 말아라
가지 말아라
부디부디
제발 절절히 빌고 비노니

너는 부디 1㎝ 안에 있기를

바로 앞자리 바로 뒷자리이기를

너의 손 잡고 잠들 수 있는
너의 팔베개 한 채 곤히
잠들 수 있는

푸른 도마뱀

가슴속에 혼불로 품은
그대에게 간다
그대 내게 은별이었으므로
가슴속에 사금파리로 박혀오는
시간마다 수없이 가슴 에이는 어혈이므로
간다 가야한다 마음 다잡는다
매화 푸르르르 휘날리는 하루
초록 그대 잊을 수 없으므로
그대 까르르르 웃음 귓가에 메아리로 오므로
한없이 꺼져가는 몸뚱아리로
그대에게 닿아도 하나의 벽을 두고
할 수 있는 건
사랑한다 사랑한다 사랑한다
애처로이 귓가에 들려 주는 것
다시 오마고 기약 남겨 주는 것

찬찬히 더욱 찬찬히
그대의 가슴녘에 닿아라 부디

해설

환생을 꿈꾸는 꽃

강 영 환(시인)

1.

시가 목표하는 것은 무엇일까. 우리는 시를 쓰면서도 시가 어떤 목적을 가지고 있는지에 대하여는 등한시 해 왔고 그저 시를 쓰지 않으면 못 배기는 정신의 상태라는 릴케적인 막연한 느낌에 의해 시를 제작해 왔던 것이다. 그러나 리챠즈에 의하면 보다 명료하게 드러나는 시의 목표가 있다. 그에 의하면 시의 목표란「정신의 전체적 상태, 혹은 정신적 조건, 곧 시로 형상화된 세계」라는 의미로 쓰고 있다. 좀 더 거칠게 표현하자면 언어에 의해 만들어진 의미들이 서로 충돌하여 만들어 낸「충동들의 집합이 최초로 형성하는 세계」라는 뜻이다. 그러므로 리챠즈에 의하면 시는 시인이 노리는 어떤 사회학적, 미학적, 상업적 혹은 선전적 의도나 희망들을 뜻하는 것은 아니라는 것이다. 시는 시 그것이 표출하는 세계에 만족해야 하고 시인이 특별하게 관심을

갖는 사물이나 행위에 존중을 표해야 한다.

최양희 시인은 1994년 『문예한국』으로 등단하여 1997년 첫 시집 『낙타여 낙타여』를 상재한 뒤 십년 만에 두 번째 시집을 낸다. 시인이 시집을 자주 내는 것도 문제가 있지만 너무 간격이 벌어져 내는 것도 문제가 있을 거라는 말을 한다. 앞의 의미는 너무 자주 냄으로써 시정신의 고갈로 인해 허튼 작품을 양산하는 경우일 것이고 뒤의 의미는 시정신을 망각하는 일이 발생할 우려 때문일 것이다. 시집 발간은 기간의 길고 짧음이 문제가 되는 것은 아니다. 시인이 생산하는 질적인 문제에 두어야 할 일이다.

최양희 시인의 작품은 서정시에 속하며 작품마다 서사구조를 담고 있다. 의미가 선명하여 무엇을 말하려는 것인지 분명히 알 수 있다. 어려운 수사나 중첩되는 문맥으로 가식의 세계를 만들지 않고 마음을 가로 질러가는 의미를 시적화자를 동원하여 쉽게 풀어내는 집중력을 가졌다. 그의 시에서 읽을 수 있는 것은 식물적 상상력을 통한 불교의 내세관이다. 현실은 이별과 배반과 속임같은 고통 속에 머물고 있다고 진단하고 이를 극복하는 방법으로 후생에 대한 기대, 꽃으로

대변되는 미래에 희망을 건다.

시집 절벽*을 찾으러 갔다가 잠시 잊은 아이
여분의 절벽이 없다며 한 시간 뒤 다시 오라는 순간
퍼뜩 떠오른 다섯 살 박이 서점 입구에서 손잡았을까
놓쳤을까 마저 아득한 기억 끄트머리

걸어온 길을 되짚어 몇 번을 뛰어다니며
어느덧 어둠 내리는 길 실로 깜깜한 절벽 앞이었네
손 잡고 온 아이 두고 혼자 돌아갈 수도 없는
그 어디에도 흔적도 없는 아이 숨결을 찾아서

「벼랑에서」 전문

시적 화자는 아이를 데리고 서점에 갔다. 책에 열중해 있는 동안 아이가 어디로 가버린 것을 깜박 잊는다. 찾는 책이 없어 돌아설 때에서야 아이가 생각났고 아이를 찾았으나 눈에서 보이지 않는다. 서점 앞에서 손을 놓았는지 기억도 없다. 어둠은 거리로 밀려오고 왔던 길을 더듬으며 헤매어도 찾을 길이 없어 절망한다. 잃어버린 아이를 두고 혼자 돌아갈 수도 없다. 막막한 벼랑 끝에 선 시적화자의 모습이다. 결국 찾고자하는 시집 『절벽』이 현실에 나타난 모습이다. 이 시에는 세 가지 장치가 있다. 첫째가 찾고자하는 책의 제목이 〈절벽〉이라는 것, 두 번째로 찾는 책이 현재 없다는 것, 세 번째로 아이를 잃어버렸다는 것 이 세개의 절벽이 어울려 시적화자는 복합적인 절벽 앞에 서있게 된 것이다.

시인이 세상을 인식하는 태도를 간접적으로 엿볼 수 있는 작품이다. 공간적으로 어디로 찾아갈수도 없는 막막함과 시간적으로도 어둠에 쫓길 수밖에 없는 상황, 그리고 내면적으로 찾고자하는 대상도 없다는 절망감, 이 세 가지가 어우러진 세상은 답답할 수밖에 없다. 이렇듯 그의 현실인식은 답답하고 불안하며 늘 이별이 상존해 있다. 시인의 또 다른 작품에서도 이와 같은 절박함을 만날 수가 있다.

버스는 오지 않으리

인적이 끊겨 시간 멈추어도 그는 그곳에
하염없이 비 맞으며 서 있으리
그녀의 불 꺼진 창 바라보며 가등街燈으로 멈추어
그의 손 안에 프리지아 물안개로 번지고 있으리
그의 빰에 반짝이는 물빛 한줄기

안개꽃 더운 사랑 전하며 지는 날
그 꽃 속에 숨어든 한 시절의 사랑
한쪽 눈 살며시 뜨고 있으리

버스는 저물어도 오지 않으리

「지워진 정거장」 전문

버스를 타러 갔는데 차가 오지 않는다. 거기에다 정거장은 이미 없어져 버렸다. 정거장은 차가 멈춰 서기로 되어 있는 약속된 장소다. 그런데 그 약속이 사라져 버린 것이다. 사랑의 대상을 버스로 이미지화 하여 사라진 버스 정류장을 사랑의 상실감으로 표현해 낸 시다. 그녀와의 약속이 이행되지 못하는 공간, 그곳이 버스가 오지 않는 정거장이다. 그곳에 그는 서있다. 그녀가 오지 않는다는 걸 알면서도 그는 기다린다. 저물어도 기다리고 비가와도 기다린다. 사랑의 상실에 대한 절망감을 표출한 작품으로 절박하다.

앞에서 본 두 편의 작품에서도 그렇거니와 최양희 시인의 작품에 나타나는 주 정조는 이별이다. 그 이별 속에는 죽음도 물론 속한다. 자주 등장하는 죽음은 곧 어렵고 힘든 여정의 끝을 의미한다. 그리고 새로운 삶의 출발을 생각하게 하는 지점이기도 하다. 시인은 이별 뒤에 남는 것을 새로운 공간으로 설정한다. 후생이란 내세관이나 아니면 환생이라는 의미를 가진 꽃의 공간이 그것이다.

긴 여관 잠을 정리하고 문을 나설 때 햇살 눈이 시리어 바라볼 수 없었네
일여 년 간 가족을 털고서 홀로 견뎌야 했던 생의 회오리바람.
찬밥마저도 떨구어 넣을 수 없을 비애가 숨통을 턱, 턱, 눌러 올 때
수국 닮은 아내가 정나미 떨어진다며 어둔 새벽길 떠난 자리.
연신 눈물 훔치며 이른 철이 든 다섯 살 딸아이 하나.
혈육이라 믿은 친구의 배신 손 안의 먼지마저 그 자리 그대로 두고
나와야 했던. 그때는 세상에서 꽁꽁 숨어야 한다고 믿었다.
머리카락 한 올도 들키지 않아야 한다고
생의 양식이 되어 준 연일 목젖을 타고 흐르던 알코올.
수없이 동맥을 긋고 싶었던 녹슨 못에 생을 매달고 싶었던 순간마다 아빠라 불러오는 아이 하나.

그 모든 따스함이 한꺼번에 등 돌려 갔지만
따뜻이 품어 주어야 할 알 한 알. 이제 일체 빛을 차단한 아직 발길이 두려움으로 멈칫이게 하지만 너에게 가리라.
어둠에 익숙한 낯설은 빛에 더러 눈 가리어야 하겠지만
수국의 몸을 빌어 태어난.
수국 한 떨기가 밝혀 오는 가슴 한 켠.

「카페, 늘봄」 전문

혈육처럼 믿었던 친구의 배신으로 사업에 실패한 사내가 손에 쥔 먼지 한 톨까지 모두를 잃고 여관에 숨어살며 그 쓰라린 울분을 술로 달랜다. 몇 번이나 동맥을 끊거나 녹슨 못에 매달아 자살하고 싶었던 순간을 견디게 했던 것은 어린 딸 때문이었고 그 모든 것들이 등 돌리고 가버렸지만 나의 희망인 딸아이에게 가야 한다는 신념으로 살아남는다. 그러나 자신을 버리고 떠난 아내를 미워하지는 않는다. 〈수국의 몸을 빌어 태어난〉 사랑스런 딸아이 때문에 미련처럼 가슴에 남겨 둔다. 구체적 현실의 애증을 서사적으로 담고 있는 작품이다.

최양희 시인의 시에 담겨있는 절망과 이별, 죽음을 쉽게 이야기 할 수 있는 것은 믿는 곳이 있기 때문이다. 그것은 〈훗세상〉으로 표현되는 내세관이다. 환생하거나 후생에서 빛나는 삶을 누릴 것이라는 희망을 늘 안고 있다. 불교에서 말하는 윤회를 통해 새로운 환생과 희망을 꿈꾼다.

심장 속에 앉히고도 환생할 적마다 스칠 수 없는 그녀
보랏빛 멍울 다소곳이 접어 그 환한 빛을 뿜어내는
멀리서 한없이 보아도 읽을 수 없는
떨리듯이 손끝이 닿아야 파닥이며 살아 숨쉬는
비로소 가느다란 맥박 소리 들을 수 있는
새하얀 꽃잎 속에서 얼굴 디밀던
실비 오는 날도 꼬리 쉼 없이 흔들며 애처로이 따라
나서던
다생의 업 지우며 혹독한 고통 속에 먼 길 떠난
해마다 타래붓꽃은 피고 지고
불쑥 새하얀 타래붓꽃으로 피고 피는 너

돌아보면 찰나였음을
청삽살아 정 깊은 사람 만나
훗세상엔 사랑, 꽃타래실로 엮어가기를

「타래붓꽃」 전문

위 시도 최양희 시인의 한 특징으로 지워지는 남성 화자를 등장 시키고 있다. 최시인은 남성 화자를 자주 등장 시켜 여성의 핍박을 그려내어 극적 효과를 거두기도 한다. 이 시의 내용도 그리 어렵지 않다.

사랑하는 그녀는 죽었다. 가슴 속에다 앉혀놓고 애타는 그녀는 환한 빛을 뿜어내지만 그 마음을 읽을 수가 없고 손끝이 닿아야만 살아 숨쉬는 맥박소리를 들을 수 있다. 실비 오는 날에도 애처로이 따라 나서고 혹독한 고통 속에 숨져간 그녀가 타래불꽃으로 불쑥 피는 그녀, 과거를 돌아보면 황홀했던 시간은 찰나였고 이제 내생에는 정 깊은 사람 만나서 타래실 엮어가는 많은 정 나누기를 빌어주는 혹독한 고통 속에 죽음에 든 그녀에게 바치는 결 고운 추도시다. 절망과 그것을 극복하는 힘을 내세의 행복에 있다고 보는 것이다.

2.

정신적으로 간직하고 있는 갈등, 이상세계, 이데아의 세계, 관념의 세계, 아름다운 서정의 느낌 등등이 무용수에 의해 동작으로 표출되고 관객은 그 무용수의 육체에 의해 표출되는 행위를 보고 독자적으로 그와 같은 느낌을 받을 수밖에 없다. 관객은 무용수가 가진 내면의 세계를 보는 것이 아니라 춤 그것을 본다. 무용수의 춤이 무용수의 내면세계를 드러내 보이는 것이다. 이럴 때 춤은 상징이 되며 결국 언어도 이러한 범주를 벗어날 수는 없다.

상징은 시에서 한 중요한 표현 방식으로 인식된다. 상징적 행위란 육체에 상응하는 심리상태의 물질화, 곧 무용에 지나지 않는다. 시도 시인이 간직하고 있는 내면의 세계가 언어로 드러날 뿐이며 또한 그 언어는 기호에 불과하므로 시인의 생각하는 바를 전부 드러내 준다고 볼 수 없다. 따라서 상징적 성분을 나타낸다는 것은 이렇게 하나의 행위가 내포하는 심리적 상관성을 나타내는 말에 지나지 않는다.

인간의 육체적 활동이 곧 언어로 화한다는 이론을 펼치고 있는 파겟은 〈제스츄어 언어론〉을 내세우고 있다. 그에 의하면 사람이 무엇인가를 손으로 잡을 때는 혀, 목구멍의 근육조직은 그의 잡는 행위를 반영한다고 본다. 이 때 입에서 나오는 한마디, 잡는 자세에 〈소리〉를 줄 때 우리는 그 소리를 언어로 수용한다는 것이다. 어떠한 행위를 할 때에도 그것을 표현하고자하는 입의 근육에 의해 이미 상징은 이루어진다고 보는 것이다.

시인이 자주 사용하는 언어를 찾아내면 그 시인의 영혼을 읽어낼 수가 있다. 이 시집에 나타나는 말 중에 눈에 띄는 말로서는 많은 꽃 이름과 함께 〈이적지〉, 〈후생〉 그리고 여러 색깔들이다. 〈이적지〉는 〈이때까지〉의 토박이말로 그 말이 가진 뉘앙스 때문에 자주 사용하는 것으로 보인다. 그리고 〈후생〉은 내생을 말하며 이승의 다음 세상, 미래 세상, 윤회하는 세상을 지칭하여 어렵고 힘든 현재적 삶에서의 일탈, 탈출구로서 기대되는 곳이다. 시인의 심리적 상황을 파악할 수 있는 단서가 된다. 다음으로는 색깔에 대한 언어로 그 중에서도 강한 인상을 지워주는 색은 아마도 푸른색과 붉은 색이다. 꽃을 등장시킴으로써 색깔은 자연스럽게 수반되는 의미이지만 꽃과 상관없는 시에서도 색깔은 진한 색으로 나타난다.

저려오는 사랑을 알게 했네
사랑이 습관의 한 떨기 꽃 될 제 스르르 은빛꼬리

끌며
생의 가장 독한 술 한 잔을 마주 들며 이별을 고했네
그대 가슴에 일생 지울 수 없는 선명한 화인
남기며 싸늘한 입맞춤 나누었네
하여도 그대 쓸쓸함이 젖어오는 시각
어김없이 추억할 테지
그대 메마른 시간의 갈피 속에
홍단풍으로 앉은
은빛꼬리 여우의 스물 두 해를

「은빛꼬리 여우의」 전문

붉은 색은 열정적인 삶이거나 그것을 기대하면서 등장시키고 있다. 시적 화자는 홍단풍으로 남아있는 열정의 사랑 끝에 도달해 있다. 〈술 한 잔의 이별〉, 〈지울 수 없는 화인〉, 〈싸늘한 입맞춤〉, 〈쓸쓸함이 젖어 오는 시각〉 등의 표현은 퇴행적인 공간을 형성하고 그것들은 아쉬움의 공간이어서 더욱 가슴 시리게 만든다. 그러나 그 시간들은 홍단풍처럼 열정적인 모습으로 젊은 시절의 아름다운 꿈으로 간직하고 있음이다.

그러나 최양희 시인의 시에서는 붉은 색 이미지 보다는 푸른색의 의미가 다양하게 전개된다.

상식적인 이해로는 푸른색은 희망과 젊음, 용기와 꿈을 상징한다. 차가운 색이면서 생동감을 지닌 색깔이다. 이 시집에 흩어져 있는 푸른색은 무엇을 나타낸 걸까.

〈몇 겁의 껍질을 벗고 거듭 깨어나는 푸른 정신이〉(자갈꽃) 〈그녀 이름 가만히 불러보면/푸른 눈물부터 오는데요〉 (물안개꽃), 〈늘 푸른 사랑〉(마리화나) 〈그 사랑 그 푸른 빛 울음 삼키면서도〉 (싸락눈) 〈심장의 푸른 눈물로 고인 그 아이〉(그 아이〉 〈삭풍에 혹독히 견뎌온 도져오는 상처 푸른 나의 누이〉(남해) 〈이 푸른 아침〉(날개가 꺾인) 〈빗줄기에 쌓인 푸른 종소리〉(하얀길) 〈그녀의 푸른 웃음〉(간이역) 〈나풀나풀 푸른부전나비로/다시 피어나〉(버스 정류장) 〈푸르고 푸른 샘 하나〉(바람개비) 〈푸른 장미 한 떨기로 훨훨 피어나다오〉(푸른 종소리) 〈그이 떠난 후론 푸른 꿈이 몸 일으켜 나날이/자라나질 않습니다〉(감꽃 지기 전)이다.

푸른색은 희망의 색이면서 변하지 않는 의미, 또는 아름다운 슬픔으로 드러나고 있다. 이렇듯 시에서는 슬픈 이미지를 이루거나 슬픈 사실의 결과에서 푸른 이미지는 죽음, 혹은 후생과 결

부되어 있다.

『은빛꼬리 여우』에서 시인은 이별이나 절망만을 노래하지 않는다. 그것을 극복하기 위한 방편으로 내세를 가져 오고 그것의 상징으로 꽃을 피워 올린다. 꽃은 식물이 피워낸 그 생애 가장 아름다운 절정이다. 그러기에 꽃은 완성이며 열매를 맺어주는 사랑의 결실이다. 시인의 첫 시집에서부터 줄기차게 등장하는 꽃이다. 이 시집에서도 숱한 꽃들이 등장한다.

〈꽃등, 붉은 칸나, 물안개꽃, 풀꽃, 들꽃, 원추리, 배추꽃, 연꽃, 벗꽃, 참꽃, 나팔꽃, 사루비아, 매화, 유채꽃, 포인세티아, 드라이플라워, 사과꽃, 목련꽃, 라일락꽃, 장미꽃, 백합, 타래붓꽃, 난초, 복사꽃, 수국, 감꽃…〉

실재하는 꽃들에서부터 시작하여 급기야는 존재하지 않는 꽃으로까지 자신의 의미를 확장해 가는 모습을 발견할 수 있다.

〈웃음꽃, 바람꽃, 자잘한 꽃, 소름꽃, 어혈꽃, 기쁨꽃, 구름꽃, 외롬꽃〉 들이다.

꽃이 지닌 원형은 일반적으로 여성성이다. 모성으로서의 꽃은 시인에게 꿈이며 유토피아다. 그리고 내생이며 이승에서 이를 수 없는 원을 대신 성취시키고 있는 절정의 아름다움이다. 그러기에 꽃은 시인이 도달하고자하는 마지막 세계로 표현된다.

〈웃음꽃 바람꽃 피어 만발하라〉〈끝내 무덤에 들어 육신을 꽃등으로 밝히시려구요〉〈그 사랑 붉디붉은 칸나로 뜨겁게 피어나세요…끝내 무덤에 들어 육신을 꽃등으로 밝히시려구요〉〈다음 세상에도 그대 붉디붉은 칸나로 피어〉〈등황색 원추리 핀다〉와 같은 표현에서 그것을 감지할 수 있다.

삼촌의 등은 싱그러웠습니다 바람결 배어든 아카시아 향일는지요
푸른 자전거를 탄 삼촌의 등을 잡은 채 호젓한 길을 빠져 나가던
그 열댓 살, 이적지 가슴에 기쁨의 날갯짓이 퍼득입니다
어느 결 삼촌의 등은 굽었고 마흔을 앞둔 여인이 되어
지병으로 오는 외롬 캐어 가는데 불쑥불쑥 그 푸른

자전거가
생 앞에 멈추어 서곤 합니다
"어서 타. 그 푸르름의 기운 속으로
그 난분분한 꽃잎 속으로 데려다 줄게"

「아카시아 향으로 남은」 전문

자전거를 몰고 가는 삼촌의 뒤에 타고 아카시아 향이 나는 등을 잡은 채 오솔길을 달려 가던 열댓 살 소녀의 가슴은 나이 든 아직도 싱그러운 삼촌의 향기를 가슴에 간직하고서 회상할수록 기쁨은 충만해져 온다.

젊었던 삼촌도 세월의 흐름에 어쩔 수 없이 등이 굽었고 마흔을 앞 둔 젊은 나이에 삼촌은 죽었다. 시적 화자도 나이가 들고 지병이 생겨 외로움에 지쳐 갈 때 삼촌의 등을 부여잡고 탔던 그때의 자전거가 불쑥불쑥 내 앞에 멈춰 서서 추억을 더듬게 한다. 그것은 순전히 희망과 젊음이 출렁이고 있는 유토피아로 데려다 주겠다던 삼촌의 확신에 찬 말 때문이었다.

이 시에서도 어떤 장치나 현란한 수식은 없다. 자전거로 연결되는 삶과 죽음, 젊음과 노년, 건강함과 병들음의 시간들이 교차해 갈 뿐이다.

삼촌은 죽었지만 다른 후생에 살아있다는 생각을 가지며 그 유토피아는 푸르름의 기운 속이고 꽃잎 펄펄 날리는 아름다운 풍경 속이다.

최양희 시인의 시는 이별을 그려내고 이별 속에서도 죽음과 관련이 깊은 작품들이 많다. 그러나 죽음은 죽음으로 끝나지 않고 후생에 대한 깊은 믿음으로 유토피아를 꿈꾼다.